Marianne Moldenhauer

Paarweise gestärkt

Einblicke in eine facettenreiche Art der partnerschaftlichen Freizeitgestaltung

2. Auflage

Stand: August 2018

© Marianne Moldenhauer

*Bibliographische Information der Deutschen Nationalbibliothek.
Die Deutsche Nationalbibliothek verzeichnet diese Publikation in
der Deutschen Nationalbibliographie; detaillierte
bibliographische Daten sind im Internet **über http://dnb.dnb.de**
abrufbar.*

*Herstellung und Verlag
BoD – Books on Demand, Norderstedt
Umschlaggestaltung und Skizzen:
Marianne Moldenhauer*

ISBN 978-3-7392-4988-9

Für meinen Ehemann Udo.
Er hat mich auf der Suche nach einem neuen
gemeinsamen Hobby ans Tanzen
und den Tanzsport herangeführt
und meine Leidenschaft
für den Paartanz entfacht.

„Jeder Tanz ist
eine kleine Entdeckungsreise
für mich,
auf der sich mir
verborgene Potentiale
erschließen."

Autorin

Marianne Moldenhauer, Jg. 1965 in Vechta (Niedersachsen), seit mehr als 25 Jahren an Multipler Sklerose (MS) erkrankt, lebt als selbstständig tätige Rechtsanwältin in Baunatal (Hessen).
In ihrem ersten Buch lieferte sie Einblicke in die facettenreiche Gefühlswelt mit MS, dieser bislang nicht heilbaren Erkrankung des zentralen Nervensystems. Nun wagt sie sich mit ihren hier vorliegenden Aphorismen, Texten und Gedichten auf neues Terrain, indem sie ihre im Paartanz entdeckten Gefühle ausdrückt und ganz persönliche Tanzerfahrungen, Entdeckungen und Tanzerlebnisse von und mit Dritten einfließen lässt. Das Tanzen hat neue Bewegung in ihr Leben gebracht und ihr körperliches und seelisches Wohlbefinden sichtbar gestärkt.

Paartanz

Miteinander –
einander zugewandt.
Umeinander –
verwoben in intensiver Nähe.
Zueinander –
in perfekter Ergänzung.
Füreinander
da!

Tanzen – eine Art des Körper-Denkens

Im Kopf scheint
alles schon ganz klar.
Erst beim Einstudieren
der Tanzschritte
zeigt sich
die Irritation:

Tanzen ist ein
ganzheitlicher **LERN***prozess*
von Kopf bis Fuß,
bei dem der Körper
mehr und mehr
das Denken
übernehmen muss.

Aus der Balance geraten

Wenn das Gehirn
und/oder das Herz
aus der Balance gerät,
wirkt Tanzen wie Medizin.

Es hilft, den eigenen Körper
(wieder) zu entdecken.

Tanzen bringt Schwung
in den Alltag zurück.

Ob Tanz mit dem Rollator,
Sitz-Tanz, Duo-Rollstuhltanz oder
Kombi-Rollstuhltanz –
Tanzen mit MS, Parkinson,
Schlaganfall, Herzinfarkt usw. –

Tanzen ist stärker als Krankheit.

***Tanzen gibt
Kraft und
das Gefühl,
normal zu leben.***

Tanzen

Tanzen

Tanzen

Tanzen

Tanzen

Tanzen

Tanzen

Tanzen

Tanzen

Tanzen

Aus der Reihe Tanzen

Tanzen

Tanzen

Tanzen bedeutet:

Musik
Rhythmus
Geselligkeit
Bewegung
Unterhaltung
Spaß
Gemeinsamkeit
Gefühlsausdruck
Ausgleich zum Lebensalltag
Stressabbau
Entspannung

Tanzen

Tanzen ist Bewegung.
Tanzen ist Begegnung.
Tanzen ist Ausdruck.
Tanzen ist Freude.
Tanzen hebt die Stimmung.

Tanzen ist Balsam für die Seele.
Tanzen ist Stärkung.
Tanzen ist Heilkraft.
Tanzen ist ein Lebenselixier.
Tanzen schenkt erfüllte Zeit.

Tanzen fordert und fördert.
So ist es bisher und
so wird es künftig sein.
In Gemeinschaft –
in Balance.
Tanzerlebnis im Kreis
von Gleichgesinnten.

Tanzen mit gesundheitlichen Einschränkungen

Tanzen mit gesundheitlichen
Einschränkungen
bedeutet immer wieder
Herausforderung,
Spannung und Erkenntnisgewinn.

Wer sich beim Tanzen
nicht entmutigen lässt
macht klare Schritte in Richtung
Veränderung und Besserung
und gewinnt an Selbstvertrauen.

Höre auf deinen Körper,
überwinde deine Unsicherheiten
und erschließe dir schrittweise
neue Perspektiven
auf vertraute Einschränkungen.

Das machen wir gemeinsam so

Gemeinsam
Bewegungen, Schritte
und Drehungen
entwickeln,
Figuren und Führungstipps
ausprobieren,
Neues entdecken,
Erfahrungen sammeln,
zwischendurch
miteinander mal
schnuddeln*,
fröhliche Menschen
kennenlernen,
miteinander
trainieren und lachen,

Hauptsache: TANZEN und
die anderen Tanzpaare bewundern.

Wertvolle Energie tanken
an verschiedenen
Tanz(k)stellen in der Region
und dabei noch vieles mehr.

* Plaudern, klönen

Tanzen bedeutet für mich:

Geselligkeit,

Bewegung,

Genießen,

Lebendigkeit in mir spüren.

Tanzen

ist Ausdruck

purer Lebensfreude

und

Körperwahrnehmung.

Hoch motiviert

Ein zugewandtes Lächeln -
ein freudiger Blick

im Paar gehts im Takt
langsam vor und zurück.

Mit ein paar Grundschritten
fängt es an -

das allwöchentliche
Tanzprogramm.

Ein bisschen Technik –
hier und da.

Ein kleines Trainerlob –
ganz wunderbar!

Schritte und Figuren –
auch mal gedreht,

Promenade in Tanzrichtung –
das Programm entsteht.

Nach Anleitung trocken
ausprobiert –

Dame und Herr
sind hoch motiviert.

So tasten sich beide
allmählich voran –

probieren, wiederholen
und bleiben dran.

Dann zur Musik –
beide erneut sind verwirrt,

denn es läuft nicht immer
alles wie geschmiert.

Die Übung machts
und Zeit brauchts auch!

Noch stehen beide
zwischendurch auf'm Schlauch.

Das Schöne am Tanztraining –
stellen beide fest:

Kein Problem!

Wir haben doch Zeit!

In den nächsten Wochen erarbeiten wir uns den Rest.

Dialog

„Oh je, Sie haben eine chronische Erkrankung?"

„Nö, nö, ich habe zwei chronische Erkrankungen."

Betroffenheit – Mitgefühl, fragender Blick.

„MS und Optimismus, außerdem bin ich mit dem bislang nicht heilbaren Tanzvirus infiziert!"

„Ist das nicht schrecklich?"

„Nein. Ich lebe sehr gut damit."

TANZEN

MODERN

TRADITIONELL

TEMPERAMENT-
VOLL

AUSDRUCKS-
STARK

LEIDE**N**SCHAFTLICH

FAS**Z**INIEREND

EMOTIONAL

BEWEGE**N**D

Paarweise gestärkt

Stilvolles paarweises Tanzen
ist wie das
Erlernen und Beherrschen
einer Fremdsprache:

Erst wenn man sich
gemeinsam
mehr als nur Grundkenntnisse
erarbeitet hat,
der Herr elegant führt und
die Dame sich von ihm führen lässt,
gelingt es mit Hingabe,
Konzentration und Disziplin
freudig und ausgelassen
Schritt für Schritt
Komponenten und Varianten
hinzufügen.

Die Bewegungen fallen schön
und harmonisch aus
und das *WIR-Gefühl*
wird paarweise gestärkt.

Bewegungsimpuls

Höre die Musik
und schließe deine Augen.
Halte inne
und höre auf die Töne.
Fühle bewusst in dich hinein.
Nimm den Rhythmus
mit all Deinen Sinnen wahr.
Lass den Bewegungsimpuls zu.
Folge deinem Gefühl –
mal introvertiert,
mal extrovertiert.
Tanzen ist Ausdruck.
Tanzen bewegt und befreit.
Verspannungen lösen sich.

Tanzen ist

Ausdruck,
Sinnlichkeit,
Freude,
Wut
und
Trauer.

Im Tanz
wird Unsichtbares
sichtbar.

Tanz ist Lebenselixier

Bewegung

schafft Beziehungen,

Einheit und

Verbundenheit

Das ist echt:

Tanzen,

Berühren,

Genießen,

Lieben

(...).

Tanzen macht Riesenspaß

... und das Erlernen
ist gar nicht so schwer.
Tanzen fördert Ausdauer und Fitness.
Fürs Tanzen im Verein
oder in der Tanzschule
gilt das umso mehr.
Tanzen ist auch anstrengend,
doch wenn mit Einsatz und Willen
in persönlicher Atmosphäre
der Auftakt erst einmal ist gemacht,
sind im regelmäßigen Tanztraining
bald schon sichtbare
Fortschritte gemacht.
Erlebe mal locker, mitreißend
oder auch emotional
tolle Figuren, Folgen und Variationen.
Abwechslung ist bcim Tanzen
immer garantiert:
Damensolo, Promenade, Wischer, Kick,
Valentino, Bota Fogos
und noch so*(ooooo)* viel mehr.
Ich lasse mich begeistern und erlebe dabei,
was es heisst,
miteinander Freizeit aktiv zu gestalten
und Freude zu erleben.

**Wecke noch heute
die Tanzlust in Dir!**

Die Tanzanleitung
erhältst Du hier.
Wo? –
In der Tanzschule oder im Verein!
Tanzen lernen kann nirgendwo
schöner sein.
Du hast schon getanzt?
Der Wunsch ist nicht neu?
Die Gruppe freut sich auf dich,
sei also nicht länger zögerlich!
Ob Discofox, Standard oder Latein -
schau doch mal
beim Tanztraining rein.
Entdecke die Tanzlust neu
oder auch wieder
zu Melodien
allseits bekannter
und tanzbarer Lieder.

Leben heisst auch:

Tanzen,
unbeschwert tanzen,

als Paar
unbeschwert tanzen,

als Paar
in einer Gruppe
unbeschwert tanzen,

zur Musik
als Paar in einer Gruppe
unbeschwert tanzen –

sich Wohlbefinden und selbst
Lebensqualität zu verschaffen.

Wenn ich tanze - mit dir tanze,
fühle ich mich frei
und unbeschwert,
ich vergesse Raum und Zeit,
dann gehört mir die Welt.

Komm, tanz mit mir!

Der Mensch spricht
freudestrahlend aus,
was dem anderen
bisher ist ein Graus

Der Aufforderung:
„Komm, tanz mit mir!"
nur Ablehnung folgt. -
Nö. - Er sei doch ein „Steif(f)tier" -
sozusagen ein hoffnungsloser Fall,
keiner zum Tanzen auf einem Ball.

Der Mensch
blickt nun ganz traurig drein,

Das kann und darf
doch gar nicht sein?

Und weil ihm etwas
am anderen liegt,

er auch ganz schnell
die Kurve kriegt,

erklärt ihm überzeugend,
warum das nicht so bleiben muss

und kommt sodann zu folgendem Entschluss:

„Wir melden uns beim Tanzen an, dann geht
es Schritt für Schritt voran."

Der andere kurz überlegt und willigt ein;
fortan ist er nun montags nicht mehr allein.

Und als die nächste Party steigt,
auch er sich auf der Tanzfläche zeigt.

Und was auf einer Party ausprobiert,
auf einem Ball ebenso gut funktioniert.

Sie beide sind jetzt mit von der Partie,
tanzen und haben Spaß wie nie.

Sommerzeit

In der Sonne liegen -
ganz allmählich zerfließen -
anstatt unbeschwert
die Sommerzeit zu genießen
geplagt
von schweren Beinen - nein! -
der Mensch
kam mit sich überein,
seine Beinvenen
künftig zu entlasten,
ohne dafür unnötig zu hasten.
Probierte er dies,
testete ganz rationell -
der Erfolg zeigte sich
dabei auch schnell.
Das Wandern ihm
allerdings missfiel
und auch vom Jogging
hielt er nicht viel.

Nachdem auch Gymnastik
ihm langweilig erschien,
der Mensch fand schließlich
zum Tanzsport hin.
Jetzt dreht er tanzend
sich im Tanzkreise
und genießt das unbeschwerte
Gefühl auf seine Weise.

Im Tanz

Allein, im Paar oder in der Gruppe,
das Repertoire klassisch
oder ganz modern,
als motivierter Starter
oder fortgeschritten schon,
ohne Worte,
in entspannter Atmosphäre,
die Musik fühlen,
verborgene Talente entdecken,
Lebensfreude ausdrücken -
einfach Spaß haben,
den Zauber der
nonverbalen Kommunikation
in der Welt der Sinne spüren.
Alles dreht sich -
das Abenteuer Tanz
beginnt immer wieder neu,
es endet nie und
lässt mich schweben.

D T S A *

Wie, was, wann,
welche Vitamine? -
Wovon spricht
da die Friedoline?
Ein Mensch
gesundheitsbewusst denkt,
die Aufmerksamkeit
nun darauf lenkt,
Licht ins Dunkel
hinein zu bringen,
und das soll ihm
auch gelingen.
verrät der Blick aufs
DIN A 4 - Anmeldeformular
es geht um Tanzsport
bei der DTSA.
Die Tanzsportabzeichen-
Abnahme steht wieder an.
Jeder Bewerber
sich in die Liste eintragen kann.

Name, Vorname,
Tänze,
Wiederholung -
noch lesend vertieft
hört er der Friedoline zu;
diese ihm erklärt die
DTSA-Voraussetzungen im Nu.
Der Mensch,
die Mindestanforderungen
erfüllt,
seine Anmeldung
daraufhin augenblicks
ausgefüllt.

* **Deutsches Tanzsportabzeichen:** Auszeichnung, die nach einer Prüfung von den Landestanzsportverbänden des Deutschen Tanzsport Verbandes verliehen wird.

Wenn der Schuh drückt

Endlich – der „perfekte"
Tanzschuh scheint gefunden.
Sie freut sich aufs Tanztraining –
dreht mit ihrem Partner die ersten Runden.

Doch – entgegen ersten Erwartungen –
ist sie dabei wenig entzückt,
oh je, das vermeintlich so perfekte Paar
Tanzschuhe doch so fürchterlich drückt.

Es schmerzt an der Ferse und auch
an den Zehen,
da kann einem das Tanzvergnügen
ganz schnell vergehen.

Nun ist guter Rat teuer, doch Tipps – von
allen Seiten – erhält sie sogleich.
Diesen gefolgt werden die Schuhe
geschmeidiger und angenehm weich.

Der gewünschte Effekt
ist also eingetreten –
das Leder ist in Form gebracht –
das sind sehr gute Tanzaussichten.

Die Schuhe müssen nun nicht mehr
im Schuhschrank verschwinden.
In ihnen sie fortan gerne tanzt –
und das nicht nur an den Wochenenden.

Ein Mensch

Ein Mensch, der vom Tanzsportverein
gehört und gelesen,
möchte für seine Gesundheit
und auch aus Freude
an der Bewegung
vor Ort und ohne Zeitdruck
das Tanzen gern probieren.
Sind sie doch längst vergessen -
die im Tanzkurs erlernten Schritte.
Als Tänzer im Tanzsportverein
zu tanzen
und regelmäßig
Tanzfreu(n)de zu erleben,
erscheint ihm nun erstrebenswert,
Freut sich auf die gesellige Runde,
schnuppert neugierig hinein
und findet
die passende Breitensportgruppe.
Auch kein Problem,
wenn zum klassischen Paartanz mal
der Partner fehlt:
Im Verein schnell gefunden ist das
passende Gegenstück,

welches ebenso motiviert
das Tanzbein schwingen möchte.
Von hoch qualifizierten Trainern
herangeführt
in der Folgezeit freudig
Vieles ausprobiert,
Schritt für Schritt –
manchmal durchaus hart erarbeitet -
sieht man das Tanzpaar fortan
harmonisch miteinander tanzen.
Zunächst nur für den
„Hausgebrauch",
später dann im Tanzleistungssport -
nach sportlichen Herausforderungen
strebend.
Resümierend stellt das
freundschaftlich verbundene
Tanzpaar fest:
Gruppen, Workshops und
Veranstaltungen
für Tanzbegeisterte jeden Alters -
sie wecken neue Leidenschaften und
lassen wertvolle Kontakte entstehen.

Talentfrei? *NEIN!*

Tanzen ist das Erlernen von Bewegungen

- fröhlich
- kontaktfreudig
- diszipliniert
- extrovertiert
- energiegeladen
- leidenschaftlich
- geduldig
- mit Rhythmusgefühl

und

- hoher Frustrationstoleranz

Tanzen

Gefühl
Aufmerksamkeit
Sensibilität
Bewegung
Reaktionsfähigkeit
Übung
Vorstellungskraft
Auftreten
im Paar

Paartanz

Im Miteinander
zur Musik
Empfindungen
in Bewegung umsetzen,
sich Halt geben
ohne einander einzuengen,
gemeinsam
Lebensfreude teilen
und
in der Harmonie
im Gleichgewicht
schwingend
die Schwerkraft aufheben.

T akt
A ktion
N ähe
Z eit
S ensibilität
P ersönlichkeit
O rganisation
R hythmus
T raining

I nteresse
M usik

V ertrauen
E ntwicklung
R eaktion
E rlernen
I nformation
N ebeneffekte

Beim Tanzen
verwandeln sich
Menschen, Zeit und Raum
und
in der
rhythmischen Bewegung
zur Musik
entsteht
in der Zeitlosigkeit
eine besondere Verbindung
von Körper, Geist und Seele,
die
Lebensenergie reguliert,
Vertrauen schafft,
Persönlichkeit stärkt,
Lebensfreude schenkt,
die Stimmung hebt,
Lebensqualität erhöht
und
Schwerkraft nahezu aufhebt.

Tanzen – ein wirksames Mittel gegen Müdigkeit

Wer seine Müdigkeit
wegwischen
möchte,
der sollte
TANZEN.

Im Tanz erlebt
der Körper eine
energetische Aufladung
und findet
eine tiefe Ruhe
für die Seele.

Tanzen in Gemeinschaft

Ankommen

Begegnen

Berühren

Bewegen

Fließen

Halten

Erleben

Abschalten

Loslassen

Genießen

Dem natürlichen Bewegungsdrang nachgeben:

Gehen, schreiten,

laufen, klettern,

rennen, marschieren,

spazieren, wandern

schlendern, schlurfen,

hüpfen, springen,

walken, joggen (...)

und

mit Begeisterung

TANZEN – *als höchste Form der Bewegung!*

Im Tanzsportverein

Sein Tanzkurs –
der war viel zu schnell vorbei.

Ein Folgekurs? –
die Wege und Kosten ihm
nicht einerlei,

entdeckt der Mensch
die Tanzsportgruppe.

Die Mitgliedschaft im
Tanzsportverein -

eine Tanzsportgemeinschaft
soll es sein –

ermöglicht ihm fortan
ein attraktives
Tanzprogramm.

Ganz ohne Zeitdruck -
kostengünstig - dauerhaft

wachsen Hirnleistungsvermögen und körperliche Kraft;

Vertrauen entsteht und Freundschaften bahnen sich an.

So schwebt der Mensch elegant übers Parkett,

ganz nebenbei verliert er sogar noch Körperfett,

und denkt dabei - hochzufrieden –

wie gut es doch ist, dass er sich so hat entschieden.

DREHTECHNIKEN
WICKELFIGUREN
SCHRITTMUSTER
GESELLS**C**HAFTSTANZ
IMPR**O**VISATIONSFREIHEIT
FUSION
VERSCHIEDENER
ELEMENTE
AKR**O**BATIK
MI**X** AUS
FOXTROTT-SCHRITTEN
UND -HALTUNG,
BOOGIE-WOOGIE,
SALSA UND
LATIN DANCE

Mit dem Tanzvirus infiziert

Du bist ein Energiebündel?

Du bist absolut tanzbegeistert?

Wenn Du tanzt,
vergisst du alles um dich herum?

Du nutzt jede Gelegenheit
zum Tanzen?

Dann ist doch alles klar:

Du hast dich mit dem
Tanzvirus infiziert.

Mich hat er
auch schon erwischt.

Genieße das Tanzen
und habe Spaß!

Tanzen ist mehr als nur ein Sport.

Tanzen bedeutet:
Kommunikation,
Konzentration,
(Selbst-)Wahrnehmung,
Bewegung,
Rhythmik,
Freiheit,
Entdeckung,
Horizonterweiterung,
Ausgleich,
Entspannung,
Zufriedenheit,
und
Lebensfreude.

Tanzen

Bewegung

Schweben

Halten

und Gehalten werden

Die Tanzbegeisterung eint alle und sie steckt an;

davon ein jeder sich im Tanzsportverein überzeugen kann.

Mehrmals in der Woche sind Tanzpaare bereit.

Tanzangebote gibt es selbst in der Sommerferienzeit.

Neue Tänze werden erlernt und Freundschaften gepflegt,

Vergessenes wird zurückgeholt – ganz unaufgeregt.

Auch an der Tanzhaltung wird gefeilt,

neue gemeinsame Ziele bereits angepeilt.

Lass dir die Chance nicht entgehen!

Ich hoffe auf ein Wiedersehen.

Tanzen ist ...

rhythmische
Bewegung zur Musik,

Wandelung
von Raum in Zeit,

selbstvergessenes
Träumen,

Entwicklung und
Befreiung,

Ausdruck und
heilende Kraft.

Tanzen ist ein **JA**
zum Leben.

Rollen im Paartanz

Zwei Tanzpartner in feinfühliger Verbindung
Miteinander in Tanzhaltung
Führender und Folgender
Herr und Dame oder
Herr als Dame und Dame als Herr
Herr führt, Dame folgt
Körpergrundspannung
Bewegung – ausgehend vom Körper des Herrn
Sensible Impulse
Einlassen auf die Führung
Vertrauen
Wechselwirkung
Mal stärkere, mal schwächere Leitung in Bahnen
Innerhalb dieses Rahmens freie Entfaltung der Dame
Eigener Stil
Tanzfluss
Einheit aus zwei Körpern
Alles klar?
Führung ist eine harmonische Beziehung

Tanzen geht immer

Tanzen,
wenn einem die Worte fehlen.
Tief bewegt als Trauernde
über den Verlust
eines lieben Menschen.

Wir trauen uns kaum,
uns zur Musik bewegen,
weil es uns
in dieser Zeit
unangebracht
erscheint.

Und doch,
es ist richtig
und tut so*(ooooo)* gut!

Tan(k)zstelle

Wenn du dich antriebslos fühlst,
dann suche doch mal eine
Tan(k)zstelle auf.
Beim Tanztraining in der
Gemeinschaft mit
Gleichgesinnten
laden alle auf angenehme
Art und Weise ihre
Akkus schnell wieder auf.
Entdecke das Gefühl,
alles rund um dich herum zu
vergessen und träume mit den
Füßen.
Die Kraft kehrt wie von selbst in
deinen Körper
zurück.
Mach mit und entdecke
in der Bewegung zur
Musik das Gefühl aufzutanken.

TEA FOR TWO
(Tee für zwei)

oder

TEA FOR TWO *CHA-CHA*

Genießen Sie noch Ihren Tee oder tanzen Sie schon?

Die typische Musik für den *CHA-CHA-CHA*
- Tanz des Jahres 2007 -
wird noch heute assoziiert mit der Version von
TEA FOR TWO *CHA-CHA* von Tommy Dorsey aus dem Jahr 1958.
Der aus Kuba stammende Tanz war bereits 1955 nach Deutschland gelangt.
Charakteristisch am *CHA-CHA-CHA* sind
drei schnell gesetzte Schritte, die sich durch den gesamten Tanz und alle Bewegungsfolgen ziehen.

Dabei werden auf einen Taktschlag ein oder zwei Schritte weitgehend am Platz getanzt,
mit lebhaften Hüftbewegungen und ruhigem Oberkörper
spielen die Tanzpartner aufgeweckt und selbstsicher miteinander.
Sie flirten amüsant, frech und kokett in offenen und
geschlossenen Figuren.

Übermütig, fröhlich, keck und ausgelassen
tanzt es sich aber auch beim *CHA-CHA-CHA* zu viert.

Der *CHA-CHA-CHA* vereint südamerikanisches Temperament und europäische Tanzstrukturen und gehört zu den beliebtesten Tänzen in Europa.

Und jetzt? -

„Let's do the **CHA-CHA-CHA** !"

Tanzen

Für die einen ist es nur eine Sportart,
für die anderen aber ist es zugleich
die schönste Freizeitbeschäftigung
der Welt.
Man bewegt sich auf der Tanzfläche
im Tanztraining,
in der Disco
oder
im Ballsaal.
Die rhythmische Bewegung zur Musik
generationsübergreifend
zumeist in geselliger Runde
belebt und
verbindet Tänzer miteinander.
Voller Energie und Tatendrang
vergisst man darüber die Zeit.
Probieren Sie es aus und
entdecken Sie ein neues
gemeinsames Hobby.
Tanzen ist
das Schönste, Beste und
Motivierendste auf der Welt.

Tanztee

Wer nachmittäglich
das Tanzbein will schwingen,
der kann ein paar schöne Stunden
beim Tanztee verbringen.

Das mondäne Hotel
öffnet wieder seine Türen;
très chic und aufgebretzelt
gilt es nun die Musik zu spüren.

In klassischer Atmosphäre treffen sich
vorwiegend Junggebliebene.
Sie kommen fröhlich zusammen
zum beliebten Sonntagstermine.

„Tanzbares" für jeden Geschmack
lädt auf die Tanzfläche ein.
Die Tanzpaare schwingen dazu
begeistert und gekonnt das Tanzbein.

Die ganz besondere Verbindung
von kleinen Gaumenfreuden
und freudigem Tanzvergnügen
genießen die Tanzpaare in vollen Zügen.

Ballzeit

Im Spätherbst ist es wieder so weit –
dann startet die traditionelle Ballzeit.

Doch bevor es für beide losgeht,
arbeiten sie an sich, was das Tanzen angeht.
Sie wollen sich sicher und elegant
übers Parkett bewegen
und tanzen Grundschritt und Variationen,
ohne sich dabei auf eine feste Folge festzulegen.

Endlich - der Ballabend naht.

Im glamourösen Abendkleid
verwandelt sie sich in eine Prinzessin –
für diesen glanzvollen Termin.
Die Wahl seiner Garderobe
aber rechtzeitig hat auch er wohl bedacht
in einen eleganten Abendanzug
er ebenfalls eine gute Figur macht.

Alles ist perfekt!

Der Ballreigen kann nun beginnen:
Champagner-Empfang und Livemusik
stimmen die Gäste
auf einen wundervollen Abend ein
und lassen den hektischen Alltag
alsbald schon vergessen sein.

Tanz ins neue Jahr

Gemeinsam mit Freunden

verbunden als Paar

schwungvoll

ins neue Jahr

hineintanzen –

bewegt, fröhlich und ausgelassen

in Erwartung auf gute

Gesundheit, Erfolg im Beruf

und erfreuliche Finanzen.

Es ist alles neu und offen,

im Schaffen und im Hoffen

auf viele Momente der Freude

und eine gute Zeit.

Tanzsport-Event

Vor begeistertem Publikum
zeigen hochkarätige Tanzpaare
mit viel Gefühl ihr Können.
Der Turniererfolg wäre jedem von
ihnen zu gönnen.

Vor den Wertungsrichtern schweben
sie förmlich über das Parkett.
Schrittfolgen, Ausdruck und Eleganz
erscheinen dem Betrachter
nahezu perfekt.

Glamouröse Turnierkleider
in fast allen Farben,
traumhaft-faszinierende
Turnierkleidung
körperbetont getragen.

Jede Menge Fransen,
Applikationen und Glitzereffekte
verfehlen ihre Wirkung nicht
und erzeugen ein wahrlich
meisterschaftswürdiges Ambiente.

Das ist Tanzen für mich:

Tanzen
Ist für mich
anmutige,
bewusste,
dynamische,
kreative,
leichte,
natürliche,
geschmeidige,
sinnliche,
energiegeladene,
ausdrucksstarke,
fröhliche,
befreiende
und
glückse(eeeeee)lige
Bewegung
mit strahlenden Augen
zu zweit,
allein,
auf einem Event
oder
in der Gruppe.